WIKINGER

Die Geschichte eines Räubers

Dee Phillips

Spaß am Lesen Verlag
Lesen für alle

Spaß am Lesen Verlag
www.einfachebuecher.de

Text Originalfassung: Dee Phililips
Verlag Originalfassung: © 2014 ReadZone Books
Übersetzung: Susanne Ganser
Redaktion und Gestaltung: Spaß am Lesen Verlag

© 2019 | Spaß am Lesen Verlag, Münster.

Alle Rechte vorbehalten. Nichts aus dieser Ausgabe darf ohne vorherige schriftliche Genehmigung des Herausgebers vervielfältigt, in einer automatisierten Datenbank gespeichert oder in irgendeiner Weise – elektronisch, mechanisch, in Form von Fotokopien, Aufnahmen oder auf andere Art – veröffentlicht werden.

ISBN 978-3-947185-82-5

Es war mein erster Überfall.
Mein Schwert bohrte sich durch Fleisch.
Mein Beil zerschlug Knochen.
Jetzt war ich ein echter Wikinger.

WIKINGER

Die Geschichte eines Räubers

Sie kamen aus dem rauen, kalten
Norden von Europa.
Ihre Schiffe waren leicht und schnell.
Sie suchten Reichtum und Sklaven.

Es geschah im 9. Jahrhundert.
Und der Rest von Europa hatte Angst.

Denn die Räuber aus dem Norden
konnten jeden Moment angreifen.
Sie hatten kein Mitleid.
Sie kannten keine Angst.

Sie waren....

die Wikinger.

Ich warte in der Morgendämmerung.

Eiskalte Wellen treffen auf die Seite von unserem Schiff.

Mein Herz rast, doch ich habe keine Angst.

Durch meine Adern fließt Wikinger-Blut.

Wenn ich heute sterbe, sterbe ich als

WIKINGER.

Wir warten im Morgengrauen.

Gleich geht die Sonne auf.
Dann greifen wir an.

Mein Herz rast, doch ich habe keine Angst.

Als Wikinger zu sterben ist ein schöner Tod.

Ich erinnere mich an früher.
Ein langer, dunkler Abend im Winter.
Ein loderndes Feuer.
Mein Vater erzählt von einer
blutigen Schlacht.

Ich höre Geschichten von großen Kriegern. Meine Kinderfrau hält mich fest in den Armen. Ich schlafe ein.

Mein Vater ist der Anführer
von unserem Stamm.

Er ist stark und hat keine Angst.
Er hat mir gezeigt, wie man mit
Schwert und Beil kämpft.

Sein Wikinger-Blut strömt in
meinen Adern.

Mein Kopf ist voller Erinnerungen.
Meine Mutter. Sie ist so schön.
Aber immer so traurig.

Lange, dunkle Winterabende.
Meine Kinderfrau, die mich im Arm hält.
Und leise für mich singt.

Ich erinnere mich an mein Dorf.

Ich schaue rüber zum alten Erik.
Ein Feuer brennt. Erik macht ein Beil
aus dem glühendem Eisen.

Ich schaue rüber zum jungen Horik.
Aus einem Baumstamm schlägt er
einen Drachen.
Der Drachen wird das Wikinger-Schiff
schmücken.

Ich wurde groß und stark.
Vor niemandem hatte ich Angst.
Mein Vater gab mir ein Schwert
und ein Beil.
Es war Zeit für mich, zur See zu
fahren.

„Ich werde ein großer Krieger",
sagte ich zu meiner Kinderfrau.
„Ein Leben als Bauer ist auch gut",
sagte sie.

Ich lachte sie aus.
„Du bist nur eine Sklavin",
sagte ich.
„Du hast kein Wikinger-Blut.
Du verstehst das nicht."

Als ich 18 war, ging ich auf Seefahrt.

Wir schoben unser Schiff ins eiskalte Wasser.

Die Sklavin sah mir vom Land aus hinterher.

Tagsüber ruderten wir.

Nachts schliefen wir in Schlafsäcken aus Seehund-Fell.

Und dann kam der große Tag.

Es war mein erster Überfall.
Mein Vater und ich sprangen
vom Schiff.

Ich wusste, was ich zu tun hatte.
Mein Schwert bohrte sich durch
Fleisch.
Mein Beil zerschlug Knochen.

Es war mein erster Überfall.
Ich nahm Silber und Gold mit
zu unserem Schiff.

Die sterbenden Männer ließen
wir zurück.
Die Frauen nahmen wir mit auf
unser Schiff.
Sie sollten Sklavinnen werden.

Jetzt war ich ein echter

WIKINGER.

Inzwischen bin ich auf vielen
Raubzügen gewesen.

Wir warten, während
die Sonne aufgeht.
Im ersten Morgenlicht sehe
ich die kleinen Hütten aus Stein.

Gleich greifen wir an.
Mein Herz klopft schnell,
aber ich habe keine Angst.

Dann ist es so weit.

Mein Vater steht neben mir.
Er ist stark und hat vor niemandem Angst.

Schnell rudern wir zur Küste.
Wir brüllen laut und springen ins Wasser.

Menschen laufen aus ihren
Hütten aus Stein.
Sie schreien.

Mein Schwert bohrt sich durch Fleisch.
Mein Beil zerschlägt Knochen.
Das Wikinger-Blut schießt durch meine Adern.

Aber etwas stimmt nicht.
Irgendetwas fühlt sich falsch an.

„KÄMPF!",

schreit mein Vater.

Aber etwas stimmt nicht.
Ich kenne diesen Ort.

Ich kenne diese Hütten.
Erinnerungen stürzen auf
mich ein.

Ich bin in weiche Wolle gewickelt.
Eine Frau drückt mich an sich.
Sie singt mir leise etwas vor.

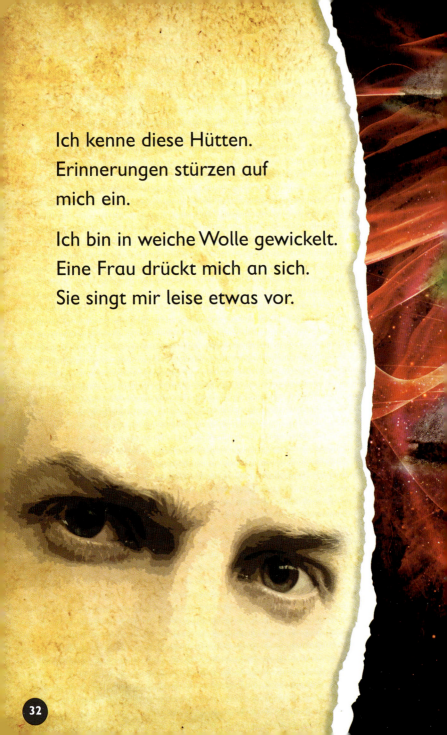

Erinnerungen stürzen auf mich ein.

Männer. Große, wilde Männer kommen aus dem Meer.

Die Frau. Meine Mutter drückt mich fest an sich.

Sie rennt so schnell sie kann. Aber wir können nicht entkommen.

Wir werden auf ein Schiff gebracht.
Ein Wikinger-Schiff.

Mein Vater steht vor mir.
Er ist stark und hat vor
niemandem Angst.

„Kämpf!",

schreit er.

Aber das Blut in meinen
Adern ist wie gefroren.

„Ich kenne diesen Ort",
sage ich.
„Ich bin von hier."

Mein Vater, der große Krieger, fällt auf die Knie.

„Erzähl es mir!", schreie ich.

Er sagt: „Ich habe eine Sklavin gefangen.
Sie hatte einen Sohn.
Deine Mutter und ich konnten keine
Kinder bekommen.

UND EIN WIKINGER
BRAUCHT EINEN SOHN!"

Erinnerungen stürzen auf mich ein.

Meine Wikinger-Mutter.
Schön und traurig.

Meine Sklaven-Mutter.
Sie drückt mich fest an sich.

Mein Vater steht vor mir.
„Kämpf!", sagt er.
„Du bist ein Wikinger."

Mein Herz rast.
Das Blut schießt durch meine Adern.

Das Blut von einem Sklaven...
oder von einem Wikinger?

WIKINGER
So war es wirklich

Die Wikinger-Zeit dauerte ungefähr 200 Jahre. Vom Jahr 800 bis zum Jahr 1050. Die Wikinger kamen aus dem Norden Europas. In diesem Gebiet befinden sich heute Norwegen, Schweden und Dänemark. Das Gebiet war bergig. Reisen über Land waren schwierig. Einfacher war es, mit dem Boot zu fahren. Die Wikinger waren sehr gute Bootsbauer und Seeleute.

Die Wikinger waren Bauern. Sie bauten Getreide an und züchteten Tiere. Aber das Leben in den kalten Bergen war schwer. Darum verließen die Männer ihre Dörfer und machten sich woanders auf die Suche nach Reichtum. Die Wikinger segelten in den Süden und überfielen Dörfer an den Küsten von Europa. Dabei töteten sie viele Menschen und stahlen wertvolle Dinge. Manche Menschen nahmen sie mit und machten sie zu Sklaven. Später segelten die Wikinger sogar bis nach Nord-Amerika.

Wikinger-Schiffe

- Die Wikinger hatten besondere Segelschiffe. Auf ein großes Schiff passten etwa 120 Krieger.
- Die Schiffe hatten ein großes, viereckiges Segel aus Wolle. Aber die Wikinger ruderten auch.
- Hinten und vorne am Schiff befand sich ein Bug. So konnten die Wikinger schnell wegfahren, ohne das Schiff wenden zu müssen.

Aber die Wikinger waren nicht nur Räuber. Sie waren auch Händler. Sie reisten in weit entfernte Länder. Zum Beispiel nach Russland oder in die Türkei. Dort verkauften sie Felle und Sklaven. Gleichzeitig kauften sie Seide und andere Luxus-Güter ein.

Die Welt der Wikinger

WIKINGER - Übungen

ERINNERUNGEN
ALLEINE

Schau dir die Bilder auf den Seiten 10-11, 14-15 und 16-17 an. Du siehst die Erinnerungen von einem jungen Wikinger. Erstelle nun eine Collage von deinen wichtigsten Erinnerungen.

WIKINGER-BLUT
ALLEINE

Der junge Krieger sagt: „Durch meine Adern fließt Wikinger-Blut."

Ein Wikinger zu sein ist für ihn ein wichtiger Teil seiner Identität.

Was ist dir wichtig? Aus welchem Land du kommst? Oder vielleicht eher, was du gerne machst? Was strömt durch deine Adern? Schreibe drei Beispiele auf.

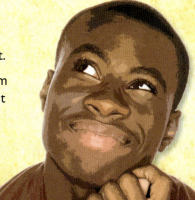

WIKINGER ODER SKLAVE
MIT PARTNER / IN DER GRUPPE

Ein Wikinger zu sein, das ist das Wichtigste im Leben des jungen Kriegers. Wie fühlt er sich, als er herausfindet, dass er der Sohn von einer Sklavin ist? Und dass die Wikinger nicht seine wahren Eltern sind? Denkt euch ein Rollenspiel aus, bei dem Vater und Sohn miteinander reden.

• Der junge Krieger wurde als Wikinger erzogen. Ist seine Erziehung wichtiger als seine Herkunft? Ist die Liebe von seinem Wikinger-Vater genug, damit der Sohn sich weiterhin als echter Wikinger betrachtet?

• Soll er weiterhin plündern gehen? Die Menschen, die er ausraubt, könnten doch zu seinem eigenen Volk gehören?

ZWEI MÜTTER
MIT PARTNER / IN DER GRUPPE

In der Geschichte kommen zwei Frauen vor.
Diskutiert darüber, warum sie eine wichtige Rolle spielen.

• Was meint ihr? Warum war die Wikinger-Mutter so traurig?

• Wie war es für die echte Mutter, die Sklavin ihres eigenen Sohnes zu sein?

2170